Impressum
Verlag: BABADADA GmbH, Nedderfeld 112 , 22529 Hamburg
Geschäftsführer / Verlagsleitung: Harald Hof
Druck: Books on Demand GmbH, In de Tarpen 42, 22848 Norderstedt

Imprint
Publisher: BABADADA GmbH, Nedderfeld 112 , 22529 Hamburg, Germany
Managing Director / Publishing direction: Harald Hof
Print: Books on Demand GmbH, In de Tarpen 42, 22848 Norderstedt

学校

escola

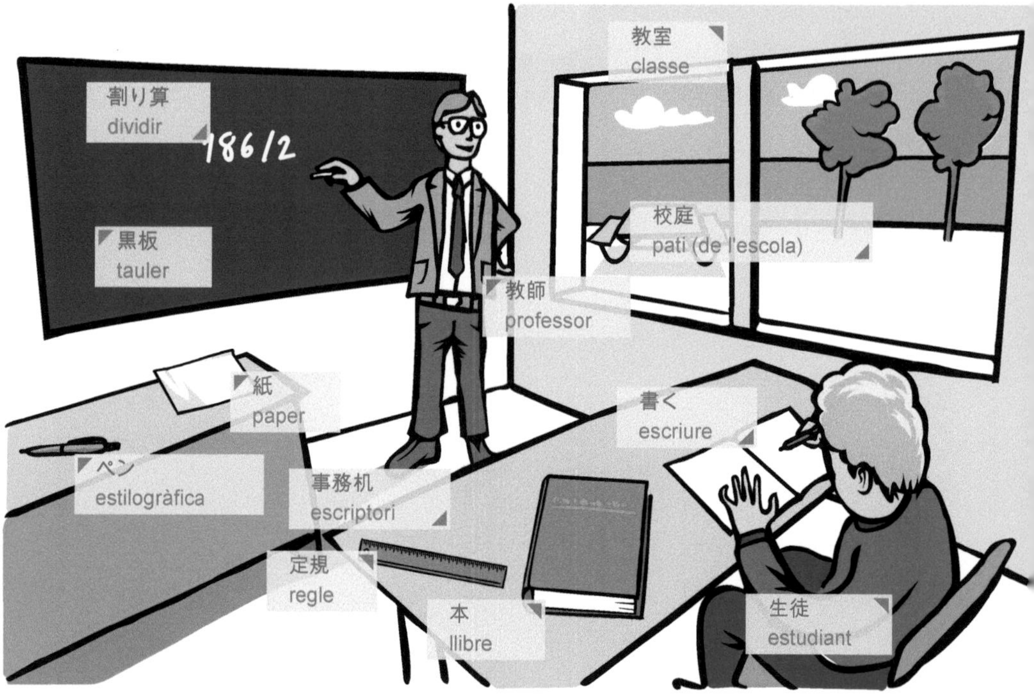

教室
classe
割り算
dividir
186/2
黒板
tauler
校庭
pati (de l'escola)
教師
professor
紙
paper
書く
escriure
ペン
estilogràfica
事務机
escriptori
定規
regle
本
llibre
生徒
estudiant

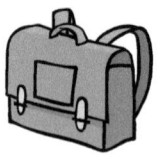

ランドセル

bossa

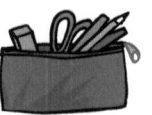

筆入れ

estoig

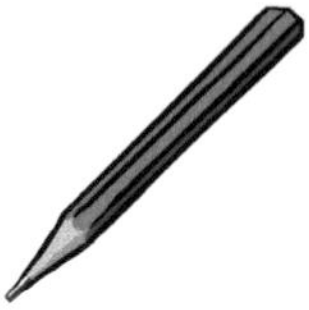

鉛筆

llapis

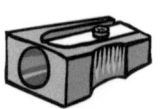

鉛筆削り

maquineta de fer punta

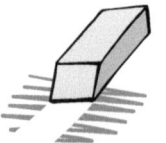

消しゴム

goma

スケッチブック

bloc de dibuix

スケッチ
dibuix

絵筆
pinzell

絵の具箱
capsa de pintures

はさみ
tisores

接着剤
cola

練習帳
quadern d'exercicis

宿題
deures

12

数
nombre

2+2

足し算
afegir

5-2

引き算
sostreure

2×2

かけ算
multiplicar

計算する
calcular

A

文字
lletra

ABCDEFG
HIJKLMN
OPQRSTU
VWXYZ

アルファベット
alfabet

hello

単語
mot

テキスト

text

読む

llegir

チョーク

guix

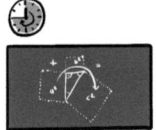

授業

lliçó

学級日誌

llibre de classe

試験

examen

通知表

certificat

制服

uniforme escolar

教育

formació

百科事典

enciclopèdia

大学

universitat

顕微鏡

microscopi

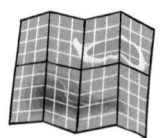

地図

mapa

ごみ箱

paperera

旅行

viatge

ホテル
hotel
Grand
ホステル
alberg
ROOMS
両替所
oficina de canvi
スーツケース
maleta
自動車
automòbil

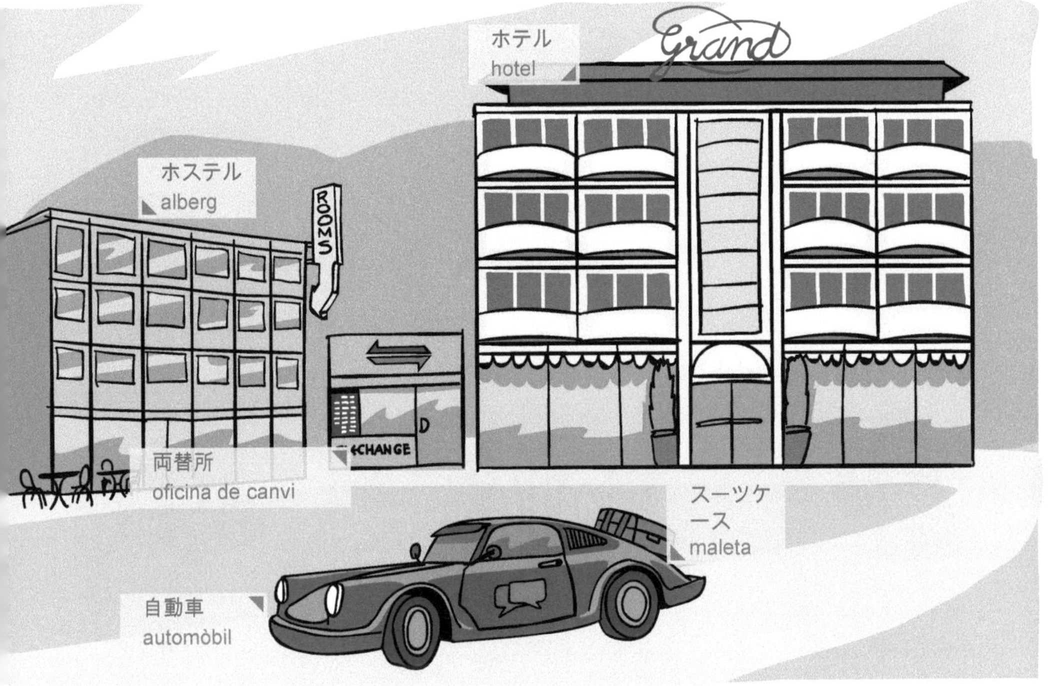

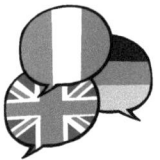

言語

llengua

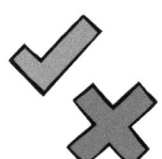

はい / いいえ

sí / no

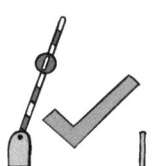

問題ない

D'acord

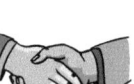

ハロー

Ey!

翻訳者

traductora

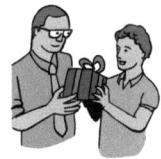

ありがとう

gràcies

…はいくらですか？

Quant costa…？

わかりません

No entenc

問題

problema

こんばんは！

Bona nit!

おはようございます！

bon dia!

おやすみなさい！

bona nit!

さようなら

fins aviat

方向

direcció

手荷物

bagatge

バッグ

bossa

リュックサック

sarrona

お客様

convidat

部屋

cambra

寝袋

sac de dormir

テント

tenda

旅行者情報

oficina de turisme

ビーチ

platja

クレジットカード

carta de crèdit

朝食

esmorzar

昼食

dinar

夕食

sopar

チケット

bitllet

エレベーター

ascensor

スタンプ

segell

境界

frontera

税関

duana

大使館

ambaixada

ビザ

visat

パスポート

passaport

輸送

transport

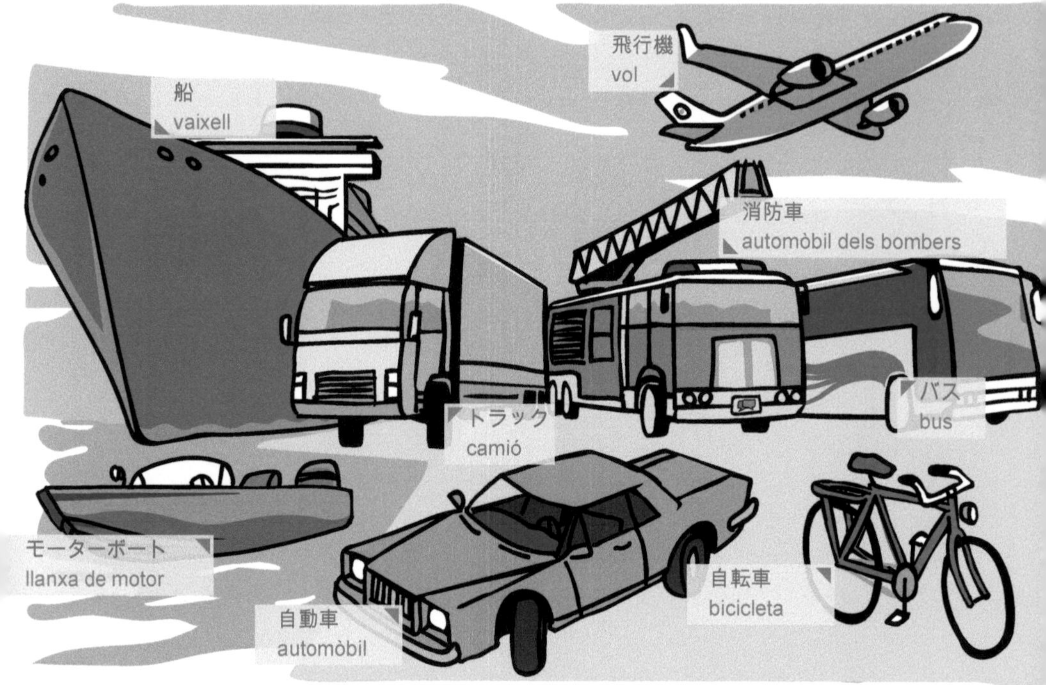

飛行機
vol
船
vaixell
消防車
automòbil dels bombers
バス
bus
トラック
camió
モーターボート
llanxa de motor
自転車
bicicleta
自動車
automòbil

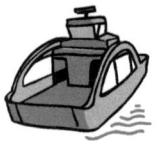

フェリー
transbordador

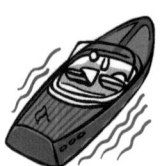

ボート
barca

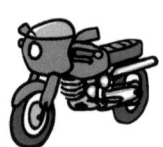

バイク
moto

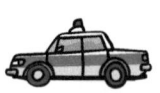

パトカー
automòbil de policia

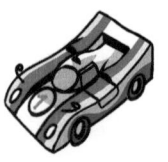

レーシングカー
automòbil de curses

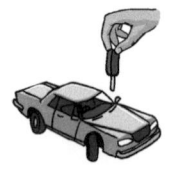

レンタカー
automòbil de lloguer

カーシェアリング

vehicle compartit

レッカー車

grua

ごみ収集車

camió de les escombraries

モーター

motor

燃料

benzina

ガソリンスタンド

benzineria

交通標識

senyal de trànsit

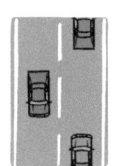

交通

trànsit

渋滞

embús

駐車場

aparcament

駅

estació de trens

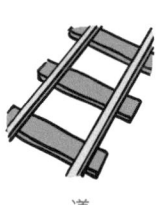

道

vies

列車

tren

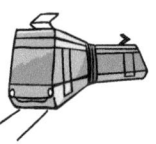

路面電車

tramvia

車両

vagó

ヘリコプター

helicòpter

空港

aeroport

タワー

torre

乗客

passatger

コンテナ

contenidor

段ボール箱

capsa de cartó

カート

carretó

カゴ

cistella

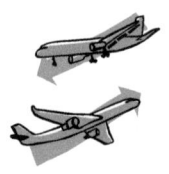

離陸 / 着陸

enlairar-se / aterrar

都市

ciutat

村

poble

都心

centre de la ciutat

家

casa

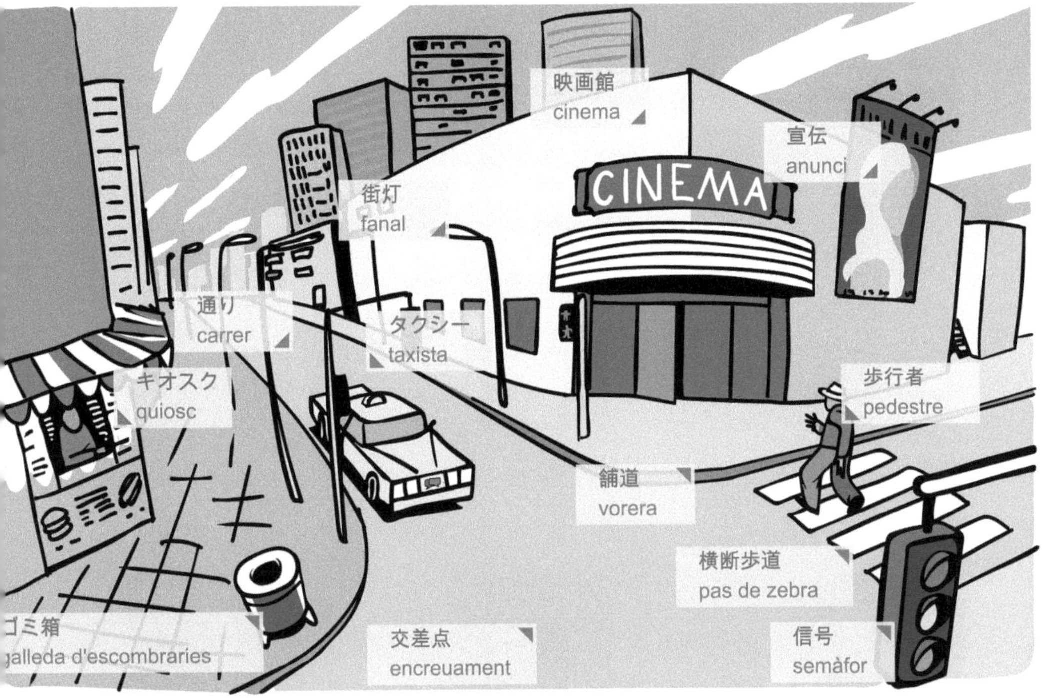

映画館
cinema
CINEMA
宣伝
anunci
街灯
fanal
通り
carrer
タクシー
taxista
キオスク
quiosc
歩行者
pedestre
舗道
vorera
横断歩道
pas de zebra
ゴミ箱
galleda d'escombraries
交差点
encreuament
信号
semàfor

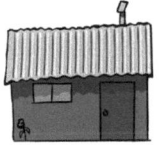

小屋

cabana

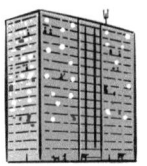

アパート

apartament

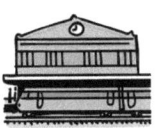

駅

estació de trens

市役所

casa de la vila-ciutat

MUSEUM

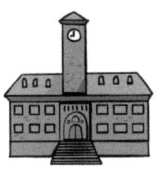

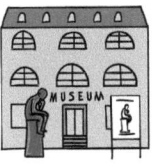

美術館

museu

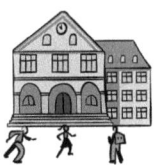

学校

escola

大学
universitat

銀行
banca

病院
hospital

ホテル
hotel

薬局
farmàcia

オフィス
oficina

書店
llibreria

ショップ
botiga

花屋
floristeria

スーパーマーケット
supermercat

市場
mercat

デパート
gran magatzem

魚屋
peixateria

ショッピングセンター
centre comercial

港
port

公園

parc

ベンチ

banc

橋

pont

階段

escala

地下鉄

metro

トンネル

túnel

バス停

parada d'autobús

バー

bar

レストラン

restaurant

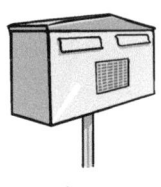

ポスト

bústia de correu

道路標識

senyal indicador

パーキングメーター

parquímetre

動物園

zoo

スイミングプール

piscina

モスク

mesquita

農場

granja

汚染

pol·lució

墓地

cementiri

教会

església

遊び場

parc infantil

寺

temple

風景

paisatge

葉
fulla

道標
cartell indicador

道
camí

草地
prat

石
pedra

木
arbre

ハイカー
excursionista

川
riu

草
gespa

花
flor

谷
vall

山
muntanya

湖
llac

森
bosc

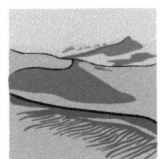

砂漠
desert

火山
volcà

城
castell

虹
arc de Sant Martí

キノコ
bolet

ヤシの木
palmera

蚊
moscard

ハエ
mosca

蟻
formiga

ミツバチ
abella

クモ
aranya

カブトムシ

escarabat

蛙

granota

リス

esquirol

ハリネズミ

eriçó

ウサギ

llebre

フクロウ

òliba

鳥

ocell

白鳥

cigne

雄豚

senglar

鹿

cervo

ヘラジカ

ant

ダム

presa

風力タービン

turbina

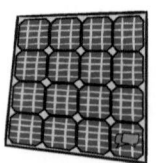

ソーラーパネル

panell solar

気候

clima

レストラン

restaurant

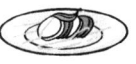

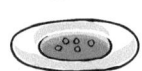

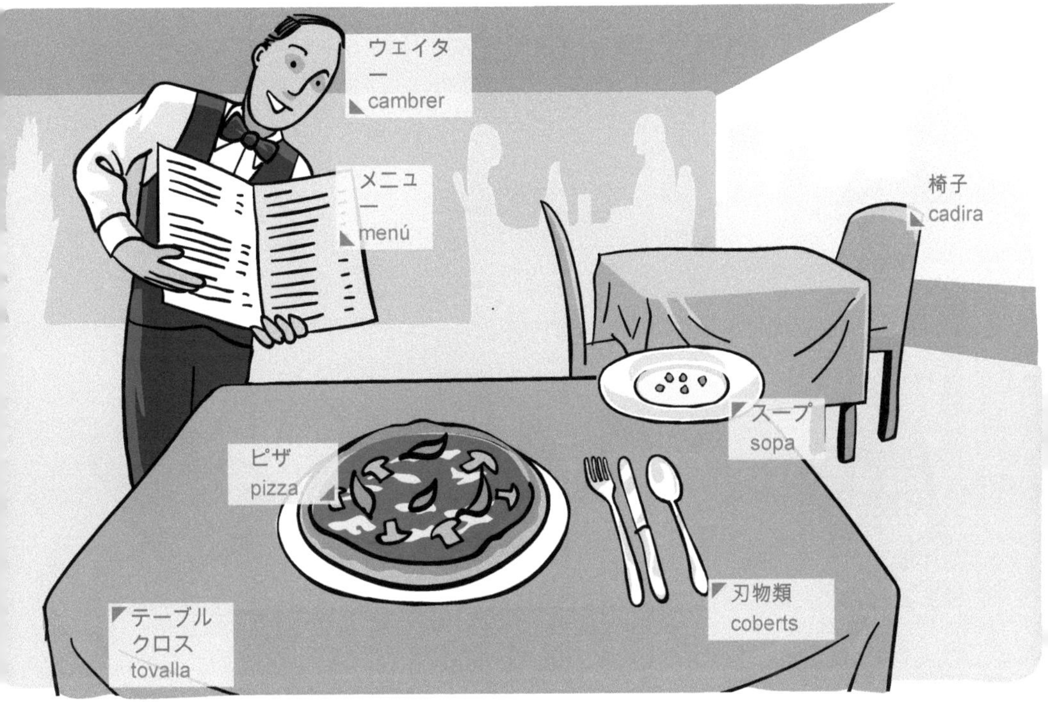

ウェイター
cambrer
メニュー
menú
椅子
cadira
スープ
sopa
ピザ
pizza
刃物類
coberts
テーブルクロス
tovalla

前菜
primer plat

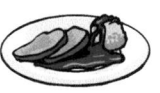

メインコース
plat principal

デザート
darreries

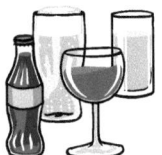

飲み物
begudes

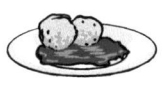

食べ物
menjar

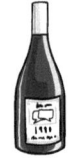

ボトル
ampolla

ファストフード

menjar ràpid

屋台の食べ物

menjar de carrer

ティーポット

tetera

砂糖入れ

sucrer

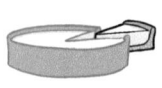

一人前

porció

エスプレッソマシン

màquina d'espresso

幼児用食事椅子

trona

請求書

factura

トレー

plata

ナイフ

ganivet

フォーク

forqueta

スプーン

cullera

ティースプーン

cullereta

ナプキン

tovalló

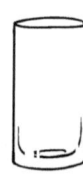

グラス

got

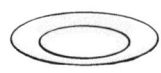

皿
plat

スープ皿
plat de sopa

受け皿
plateret

ソース
salsa

塩入れ
saler

ペッパーミル
molinet de pebre

酢
vinagre

油
oli

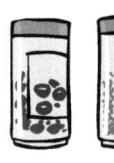

スパイス
espècies

ケチャップ
quètxup

マスタード
mostassa

マヨネーズ
maionesa

スーパーマーケット

supermercat

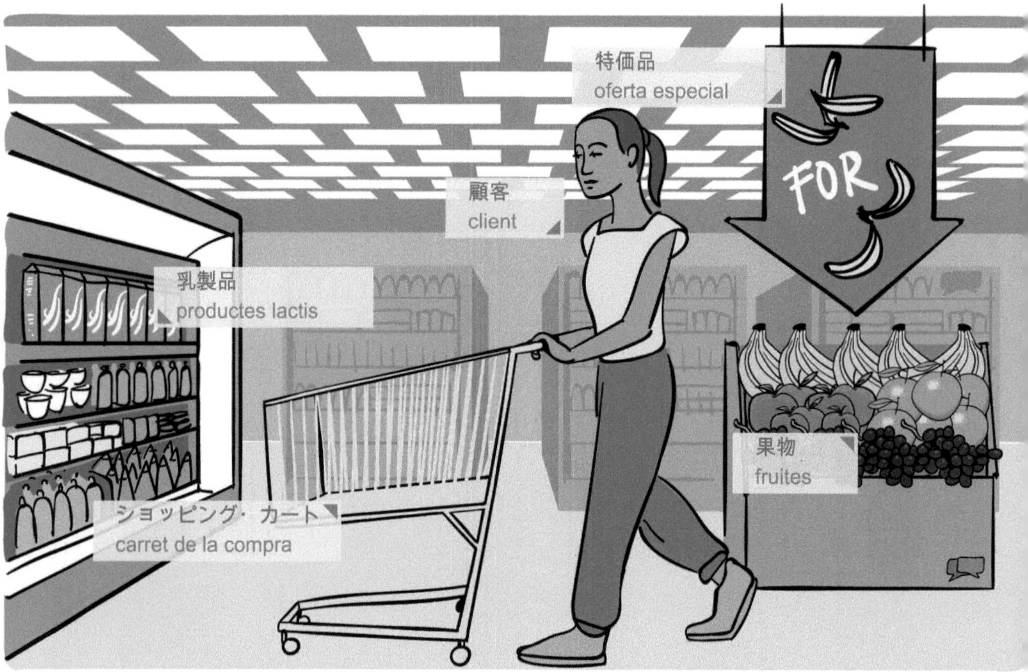

特価品
oferta especial
顧客
client
乳製品
productes lactis
果物
fruites
ショッピング・カート
carret de la compra
FOR

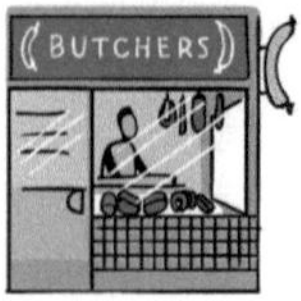

肉屋

carnisseria

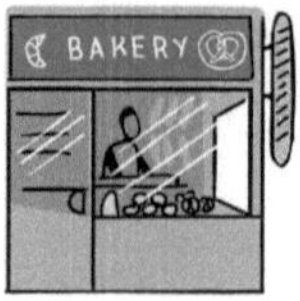

BAKERY

パン屋

forn de pa

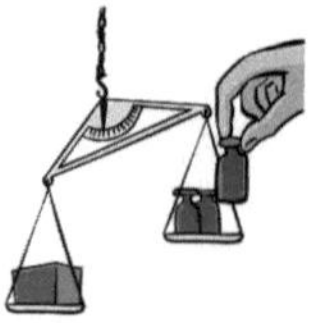

重さをはかる

pesar

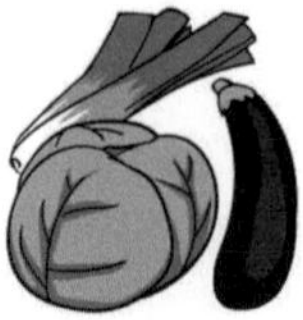

野菜

verdures

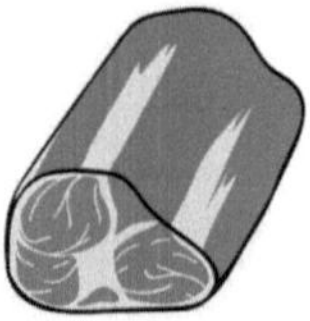

肉

carn

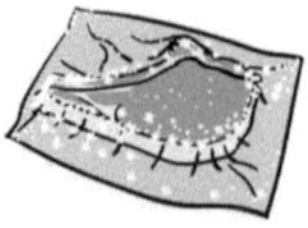

冷凍食品

menjar congelat

冷肉の薄切り

carn freda

缶詰食品

conserves

洗剤

detergent en pols

菓子

dolços

家庭用品

articles domèstics

清掃用品

productes de neteja

販売員

venedora

現金箱

caixa registradora

レジ係

caixera

買い物リスト

llista de la compra

開館時刻

horari d'obertura

財布

portamonedes

クレジットカード

carta de crèdit

バッグ

bossa

ポリ袋

bossa de plàstic

水

aigua

ジュース

suc

牛乳

llet

コーラ

coca-cola

ワイン

vi

ビール

cervesa

アルコール

alcohol

ココア

cacau

紅茶

te

コーヒー

cafè

エスプレッソ

espresso

カプチーノ

cappuccino

バナナ

banana

リンゴ

poma

オレンジ

taronja

メロン

síndria

レモン

llimona

ニンジン

pastanaga

ニンニク

all

竹

bambú

玉ねぎ

ceba

キノコ

bolet

ナッツ

avellanes

ヌードル

fideus

スパゲッティ

espaguetis

米

arròs

サラダ

amanida

フライドポテト

patates fregides

フライドポテト

patates fregides

ピザ

pizza

ハンバーガー

hamburguesa

サンドウィッチ

entrepà

カツレツ

escalopa

ハム

cuixot

サラミ

salami

ソーセージ

salsitxa

鶏肉

pollastre

焼き

rostit

魚

peix

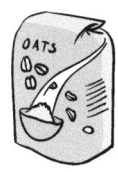

麦のお粥

flocs de civada

ムーズリ

musli

コーンフレーク

cereals

小麦粉

farina

クロワッサン

croissant

ロールパン

panet

パン

pa

トースト

torrada

ビスケット

bescuits

バター

mantega

カッテージチーズ

mató

ケーキ

pastís

卵

ou

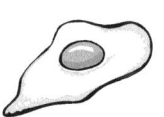

目玉焼き

ou fregit

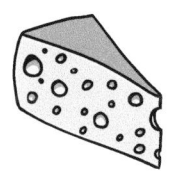

チーズ

formatge

アイスクリーム

gelat

砂糖

sucre

はちみつ

mel

ジャム

melmelada

ヌガークリーム

crema de xocolata

カレー

curri

農場

granja

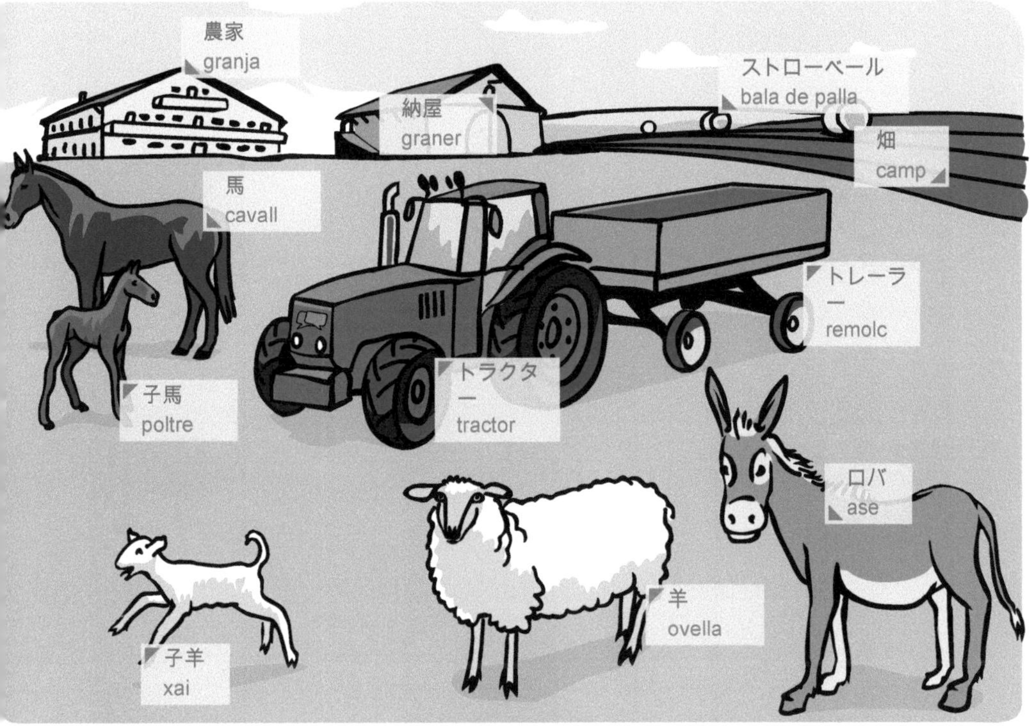

農家
granja
納屋
graner
ストローベール
bala de palla
畑
camp
馬
cavall
トレーラー
remolc
トラクター
tractor
子馬
poltre
ロバ
ase
羊
ovella
子羊
xai

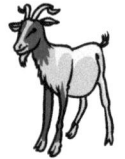

ヤギ

cabra

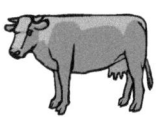

雌牛

vaca

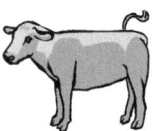

子牛

vedella

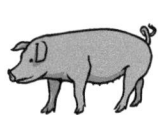

豚

porc

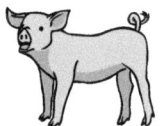

子豚

garrí

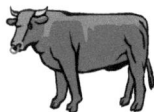

雄牛

bou

ガチョウ

oca

アヒル

ànec

ひよこ

poll

にわとり

gall

おんどり

gallina

ネズミ

rata

猫

gat

ねずみ

ratolí

雄牛

bou

犬

gos

犬小屋

gossera

散水ホース

mànega de regar

じょうろ

regadora

大鎌

dalla

すき

arada

草刈り鎌

falç

くわ

aixada

堆肥用フォーク

forca

斧

destral

手押し車

carretó

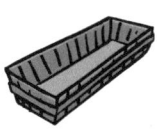

かいばおけ

abeurador

牛乳缶

lletera

袋

sac

フェンス

tanca

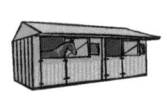

畜舎

establa

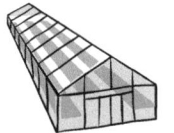

温室

hivernacle

土壌

sòl

種

llavor

肥料

adob

コンバイン

collidora

収穫する

collir

収穫

collita

ヤマイモ

nyam

小麦

blat

大豆

soja

じゃがいも

patata

トウモロコシ

blat de moro o d'indi

菜種

colza

果樹

arbre fruiter

キャッサバ

mandioca

穀物

cereals

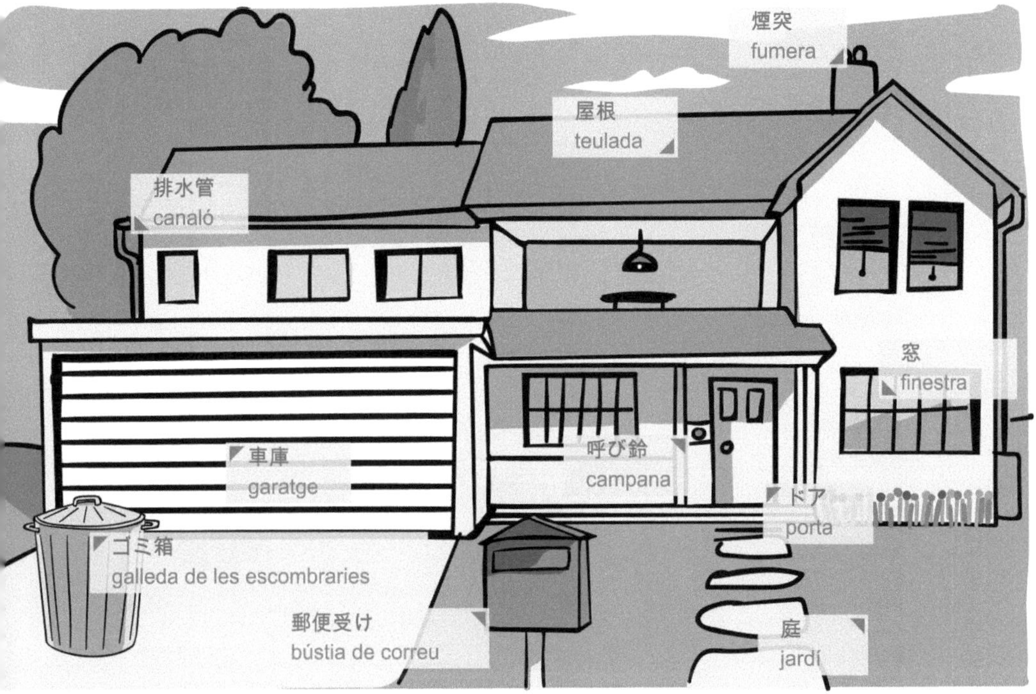

煙突
fumera

屋根
teulada

排水管
canaló

窓
finestra

車庫
garatge

呼び鈴
campana

ドア
porta

ゴミ箱
galleda de les escombraries

郵便受け
bústia de correu

庭
jardí

リビングルーム

sala d'estar

浴室

bany

台所

cuina

寝室

cambra de dormir

子供部屋

cambra de nen

ダイニング・ルーム

menjador

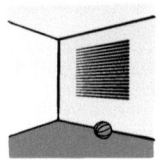

床
sòl

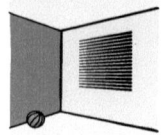

壁
paret

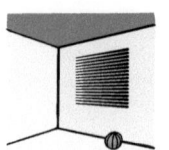

天井
sostre

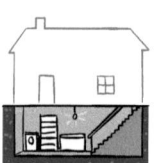

地下貯蔵庫
soterrani

サウナ
sauna

バルコニー
balcó

テラス
terrassa

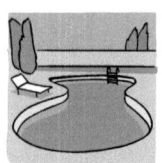

プール
piscina

芝刈り機
tallagespa

シーツ
vànova

ベッドカバー
cobrellit

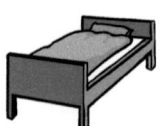

ベッド
llit

ほうき
escombra

バケツ
galleda

スイッチ
interruptor

リビングルーム
sala d'estar

壁紙
paper de paret
絵
quadre
ランプ
làmpada
棚
prestatge
食器棚
armari
テレビ
televisor
暖炉
escalfapanxes
花
flor
クッション
coixí
ソファ
sofà
花瓶
gerro
リモコン
telecomanda

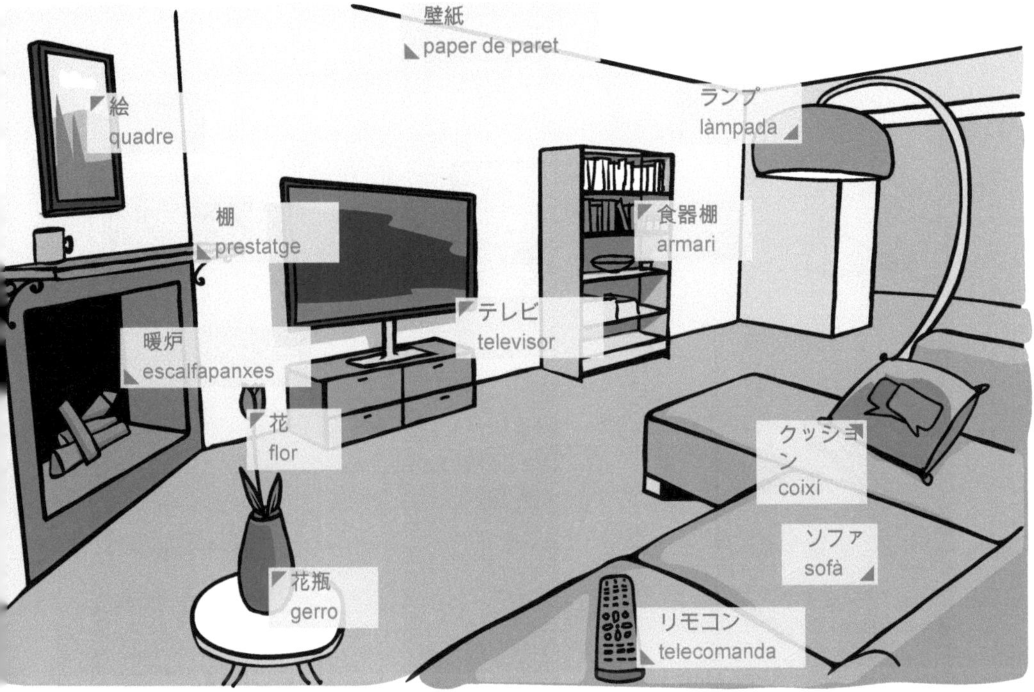

カーペット
catifa

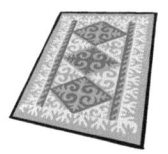

カーテン
cortina

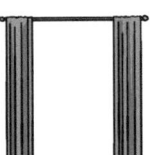

テーブル
taula

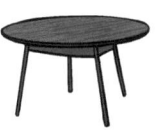

椅子
cadira

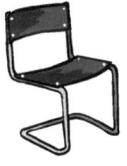

ロッキングチェア
cadira gronxadora

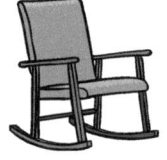

ひじ掛け椅子
cadiral

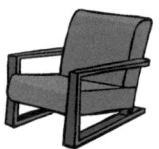

本
llibre

毛布
llençol

飾り
decoració

たきぎ
llenya

映画
film

ステレオ
cadena de música

鍵
clau

新聞
diari

絵画
pintura

ポスター
cartell

ラジオ
ràdio

メモ帳
bloc de notes

掃除機
aspiradora

サボテン
cactus

ろうそく
candela

台所

cuina

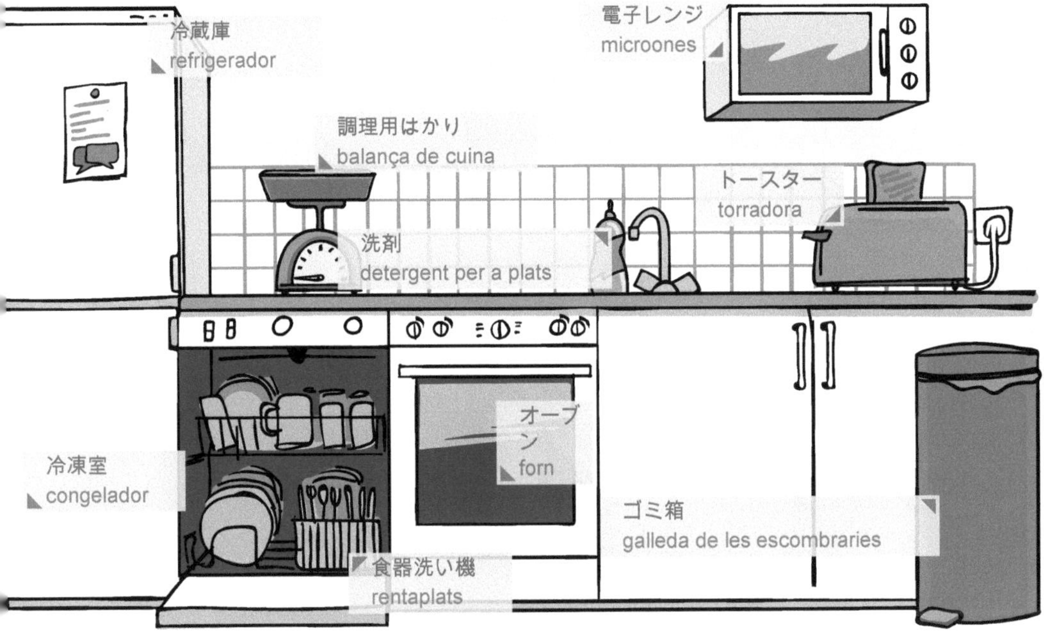

冷蔵庫
refrigerador
電子レンジ
microones
調理用はかり
balança de cuina
トースター
torradora
洗剤
detergent per a plats
オーブン
forn
冷凍室
congelador
ゴミ箱
galleda de les escombraries
食器洗い機
rentaplats

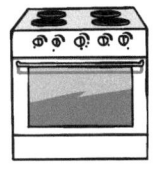

こんろ

cuina de fogons

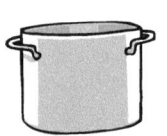

鍋

olla

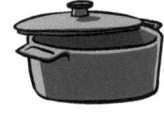

鉄鍋

olla de ferro colat

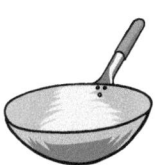

中華鍋/ カダイ鍋

wok / karahi

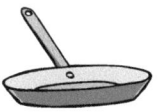

フライパン

paella

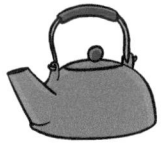

やかん

bullidor

蒸し器

olla de vapor

天板

plata de forn

食器

vaixella

マグカップ

tassa grossa

ボウル

bol

箸

bastonets xinesos

おたま

culler

へら

espàtula

泡立て器

batedor

こし器

colador

ふるい

sedàs

すりおろし器

ratllador

すり鉢

morter

バーベキュー

barbacoa

かまど

foc a terra

まな板

taula de tallar

麺棒

corró

栓抜き

llevataps

缶

pot de conserva

缶切り

obridor

鍋つかみ

agafador

流し

aigüera

ブラシ

raspall

スポンジ

esponja

ミキサー

batedora

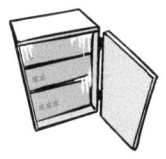

冷凍庫

congelador

哺乳瓶

biberó

蛇口

aixeta

浴室
bany

ヒーター
calefacció
タオル
tovallola
シャワー
dutxa
シャワーカーテン
cortina de dutxa
泡風呂
bany de bombolles
浴槽
banyera
グラス
got
洗濯機
rentadora
蛇口
aixeta
タイル
rajoles
おまる
orinal
流し
aigüera

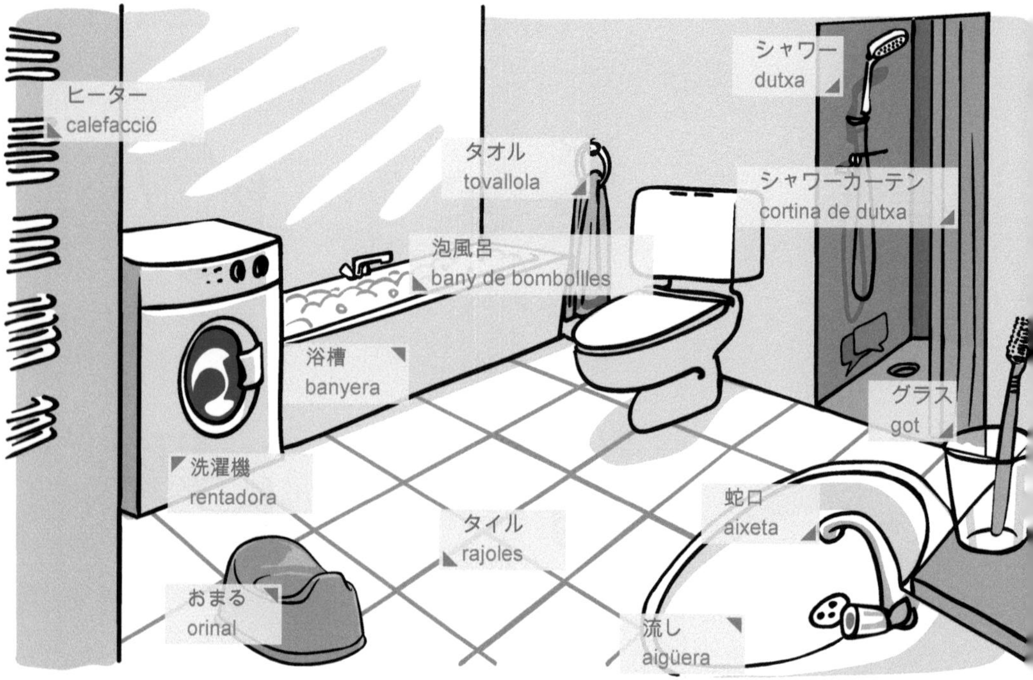

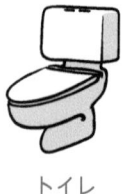

トイレ

lavabo

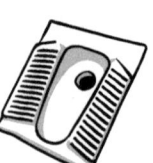

和式トイレ

lavabo turc

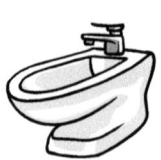

ビデ

bidet

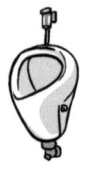

小便器

orinador

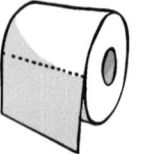

トイレットペーパー

paper higiènic

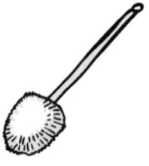

トイレブラシ

escombreta de sanitari

歯ブラシ

raspall de dents

歯みがき

pasta de dents

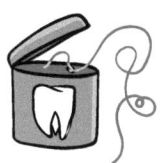

デンタルフロス

fil dental

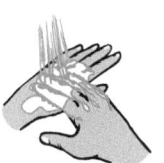

洗う

rentar

シャワーヘッド

pom de dutxa

ハンドビデ

dutxa íntima

洗面台

rentamans

ボディブラシ

raspall per a l'esquena

石鹸

sabó

シャワー用ジェル

gel de dutxa

シャンプー

xampú

浴用タオル

manyopla de bany

排水口

bonera

クリーム

crema

消臭

desodorant

鏡

mirall

手鏡

mirall-espill de mà

かみそり

maquineta de rasar

シェービング・フォーム

espuma de barbejar

アフターシェーブローショ

loció post-rasada

櫛

pinta

ブラシ

raspall

ドライヤー

eixugador

ヘアスプレー

laca

化粧

maquillatge

口紅

pintallavis

マニキュア

esmalt d'ungles

脱脂綿

cotó

爪切り

tallaungles

香水

perfum

洗面用具入れ

estoig de bellesa

スツール

tamboret

体重計

bàscula

バスローブ

barnús

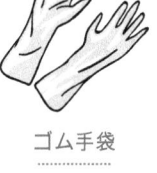

ゴム手袋

guants de goma

タンポン

compresa higiènica

生理用ナプキン

compresa

ケミカルトイレ

sanitari químic

子供部屋

cambra de nen

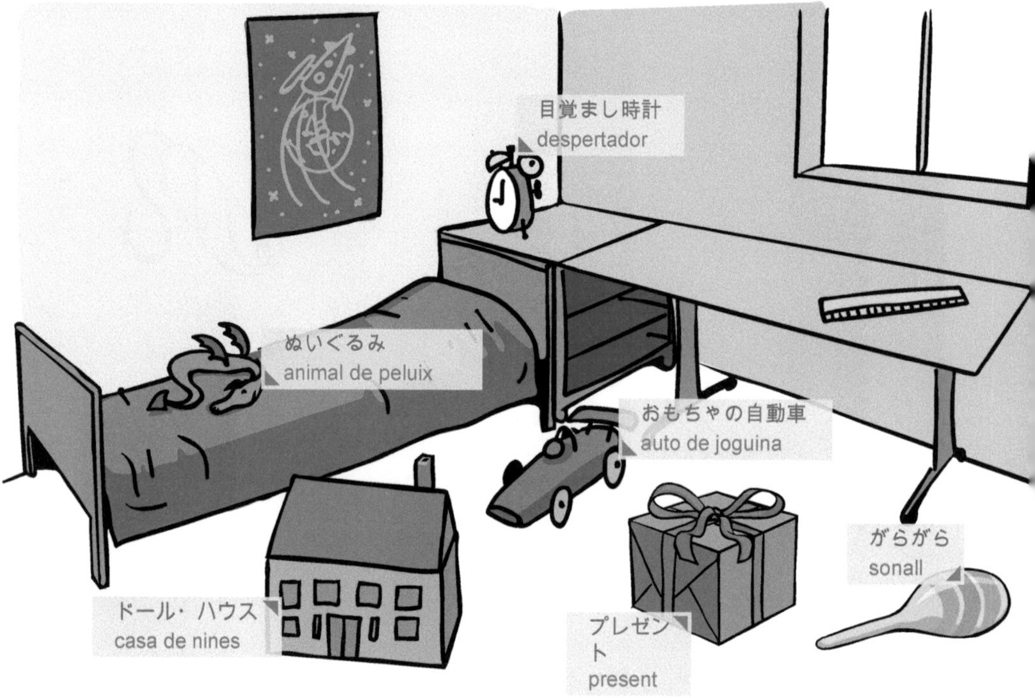

目覚まし時計
despertador
ぬいぐるみ
animal de peluix
おもちゃの自動車
auto de joguina
がらがら
sonall
ドール・ハウス
casa de nines
プレゼント
present

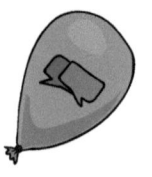

風船

balό

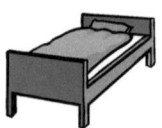

ベッド

llit

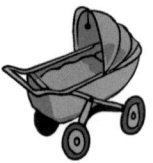

ベビーカー

cotxet per a nens

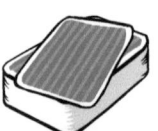

カードゲーム

joc de cartes

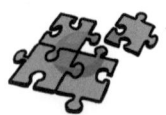

ジグソーパズル

trencaclosca

漫画

historieta

レゴ

peces de lego

玩具ブロック

peces de construcció

アクションフィギュア

ninot d'acció

ロンパース

granota

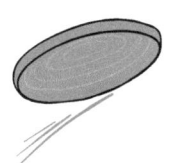

フリスビー

frisbee

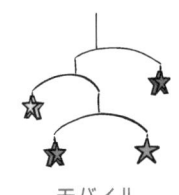

モバイル

mòbil per a bressol

ボードゲーム

joc de taula

さいころ

daus

鉄道模型

tren elèctric

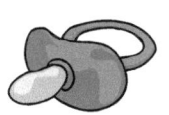

おしゃぶり

xumet

パーティー

festa

絵本

llibre de dibuixos

ボール

pilota

人形

nina

遊ぶ

jugar

砂場

sorrera

ブランコ

gronxador

おもちゃ

joguines

ゲーム機

consola de jocs de vídeo

三輪車

tricicle

テディベア

osset de peluix

衣装ダンス

armari

衣服

roba

靴下

mitjons

ストッキング

mitges

タイツ

mitja pantaló

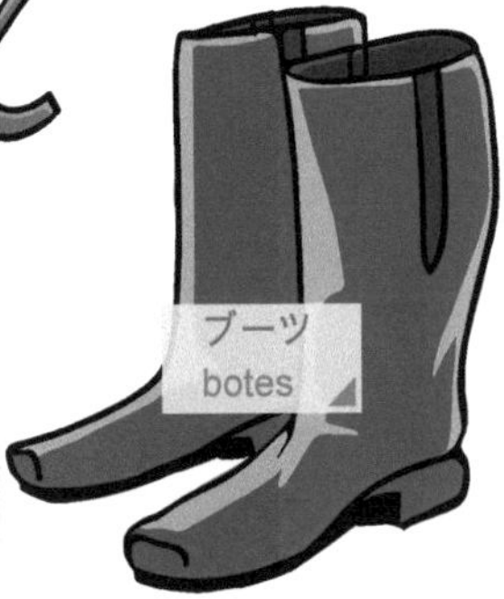

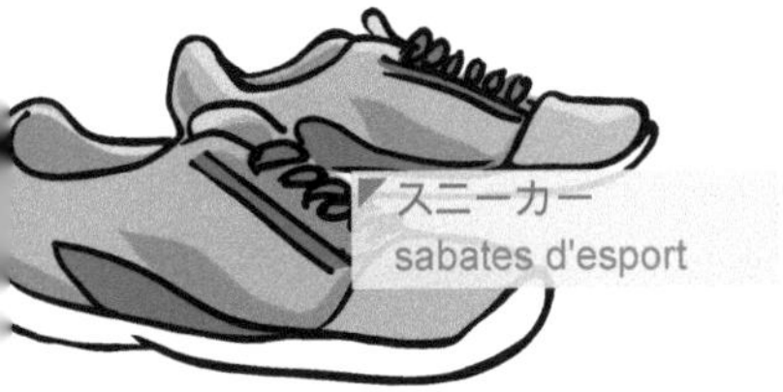

スカーフ
tapacoll

ベルト
cintura

雨傘
paraigua

Tシャツ
camiseta

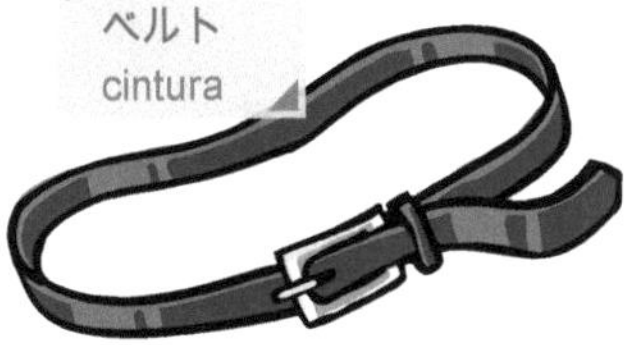

スニーカー
sabates d'esport

ブーツ
botes

スリッパ
plantofes

サンダル
sandàlies

靴
sabates

ゴム長靴
botes de goma

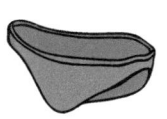

パンツ
calçonets

ブラ
sostenidor

ベスト
guardapits

衣服 - roba

ボディースーツ

jjustacòs

ズボン

pantalons

ジーンズ

jeans

スカート

faldeta

ブラウス

brusa

シャツ

camisa

セーター

jersei

パーカー

dessuadora

ブレザー

blazer

ジャケット

jaqueta

コート

mantell

レインコート

impermeable

服装

vestit de dona

ドレス

vestit de dona

ウェディングドレス

vestit de núvia

スーツ

vestit d'home

ナイトガウン

camisa de dormir

パジャマ

pijama

サリー

sari

ヘッドスカーフ

mocador de cap

ターバン

turbant

ブルカ

burca

カフタン

caftan

アバヤ

abaia

水着

vestit de bany

トランクス

calçon(et)s de bany

半ズボン

pantalons curts

スウェットスーツ

xandall

エプロン

davantal

手袋

guants

衣服 - roba

ボタン

botó

メガネ

ulleres

ブレスレット

braçalet

ネックレス

collaret

指輪

anell

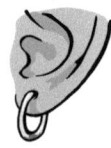

イヤリング

orellera

帽子

casquet

ハンガー

penjador

帽子

capell

ネクタイ

corbata

ファスナー

cremallera

ヘルメット

casc

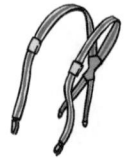

サスペンダー

elàstics

制服

uniforme escolar

ユニフォーム

uniforme

よだれかけ

pitet

おしゃぶり

xumet

おむつ

bolquer

オフィス
oficina

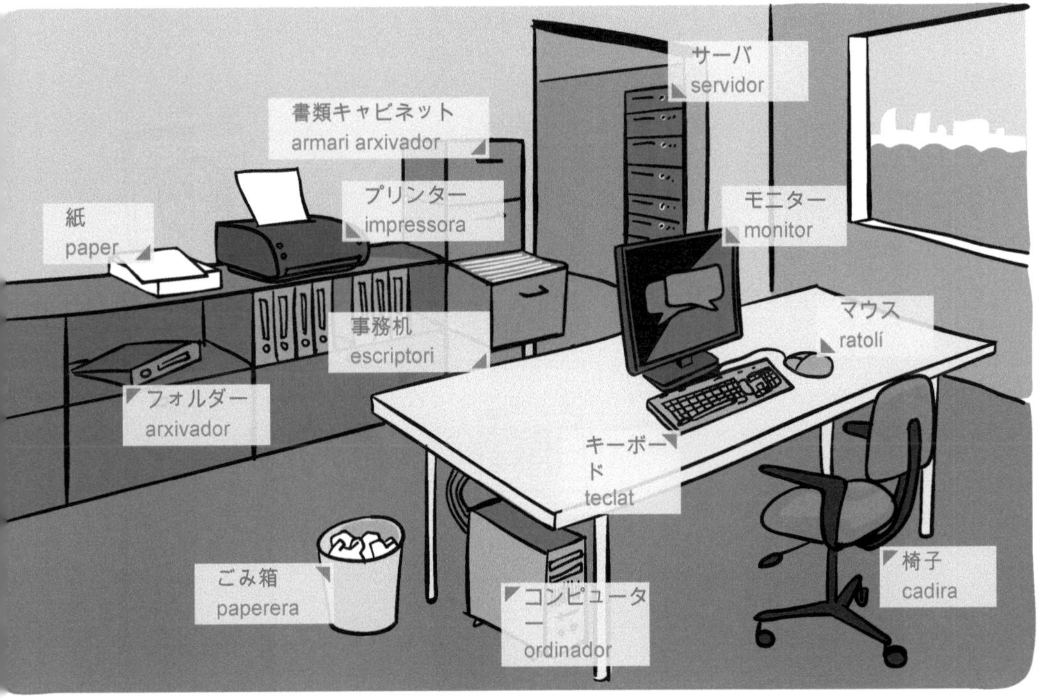

サーバ
servidor

書類キャビネット
armari arxivador

プリンター
impressora

モニター
monitor

紙
paper

事務机
escriptori

マウス
ratolí

フォルダー
arxivador

キーボード
teclat

ごみ箱
paperera

コンピューター
ordinador

椅子
cadira

コーヒーマグ

tassa de cafè

計算機

calculadora

インターネット

Internet

ラップトップ

ordinador portàtil

手紙

lletra

メッセージ

missatge

携帯電話

mòbil

ネットワーク

xarxa

コピー機

fotocopiadora

ソフトウェア

programari

電話

telèfon

コンセント

presa de corrent

ファックス

fax

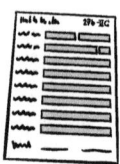

フォーム

formulari

書類

document

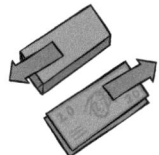

買う
comprar

支払う
pagar

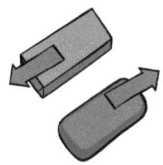

取引する
comerciar

お金
diners

ドル
dòlar

ユーロ
euro

円
ien

ルーブル
ruble

スイスフラン
franc suís

人民元
renminbi

ルピー
rupia

キャッシュポイント
caixa automàtica

両替所

oficina de canvi

金

or

銀

argent

油

petroli

エネルギー

energia

価格

preu

契約

contracte

税金

impost

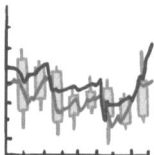

株

acció

働く

treballar

従業員

treballador

雇用主

empresari

工場

fàbrica

ショップ

botiga

職業

oficis

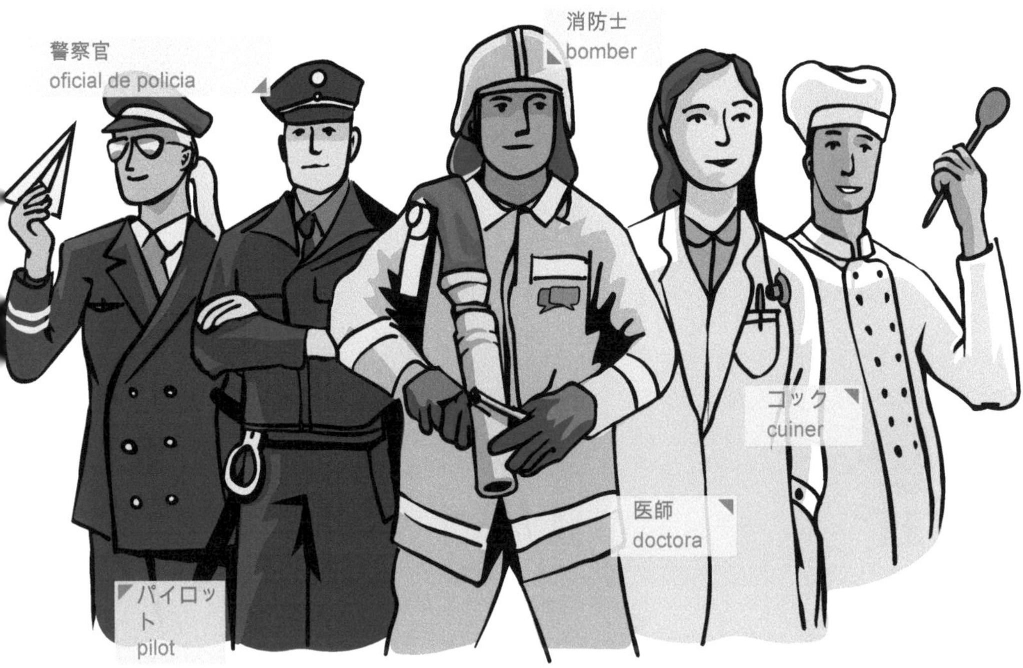
警察官
oficial de policia
消防士
bomber
コック
cuiner
医師
doctora
パイロット
pilot

庭師

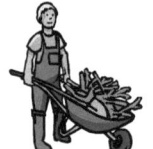

jardiner

大工

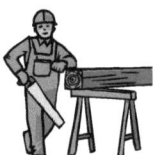

fuster

お針子

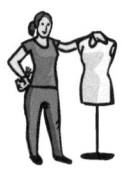

costurera

裁判官

jutge

化学者

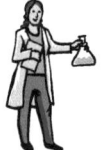

química

俳優

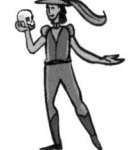

actor

バスの運転手

conductor d'autobús

タクシー運転手

taxista

漁師

pescador

掃除婦

dona de la neteja

屋根ふき職人

ensostrador

ウェイター

cambrer

ハンター

caçador

塗装工

pintor

パン屋

forner

電気工

electricista

建設作業員

obrer de la construcció

エンジニア

enginyer

肉屋

carnisser

配管工

llanterner

郵便配達人

correu

軍人

soldat

建築家

arquitecte

レジ係

caixera

花屋

florista

美容師

perruquer

車掌

revisor

機械工

mecànic

キャプテン

capità

歯科医

dentista

科学者

científic

ラビ

rabí

イスラム導師

imam

修道士

monjo

牧師

capellà

道具

eines

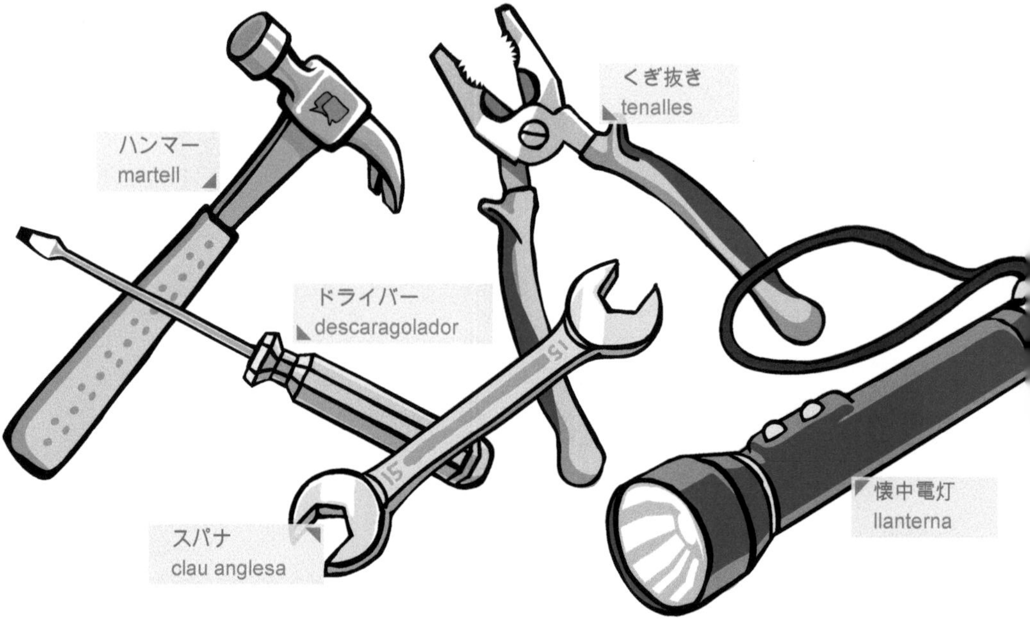

ハンマー
martell
くぎ抜き
tenalles
ドライバー
descaragolador
スパナ
clau anglesa
懐中電灯
llanterna

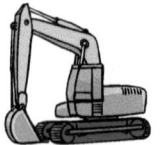

掘削機

excavadora

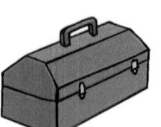

道具箱

caixa d'eines

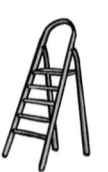

はしご

escala

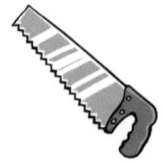

のこぎり

serra

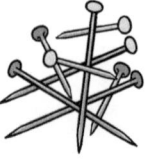

釘

claus

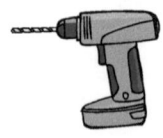

ドリル

trepant

修理する

reparar

シャベル

pala

クソ！

Maleït siga!

ちりとり

pala

ペンキ缶

pot de pintura

ネジ

caragols

楽器

instrument de música

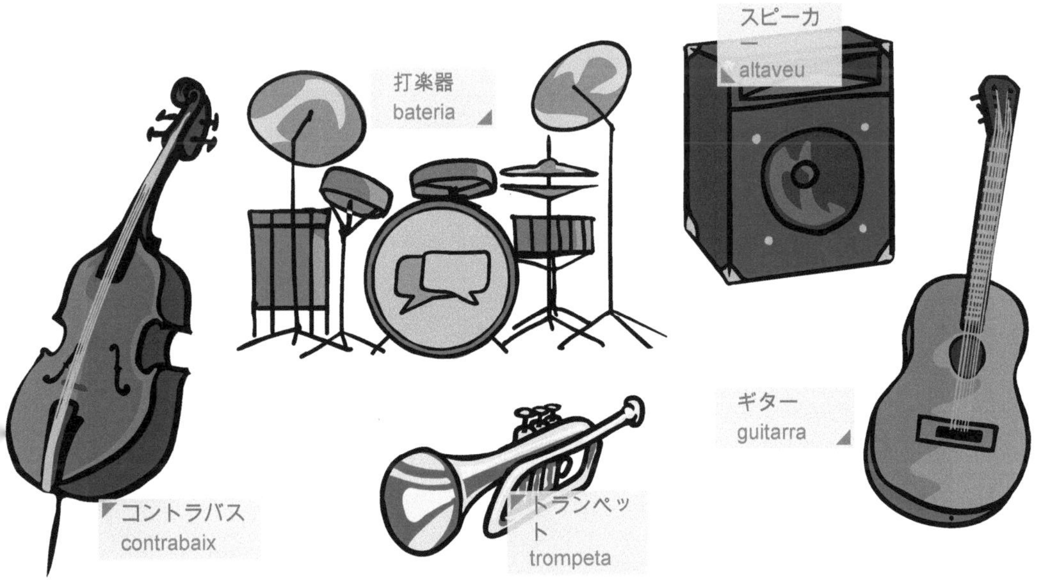

スピーカー
altaveu

打楽器
bateria

ギター
guitarra

コントラバス
contrabaix

トランペット
trompeta

ピアノ

piano

バイオリン

violí

バス

baix

ティンパニ

timbal

ドラム

tambor

キーボード

teclat

サックス

saxofon

フルート

flauta

マイクロフォン

micròfon

動物園

ZOO

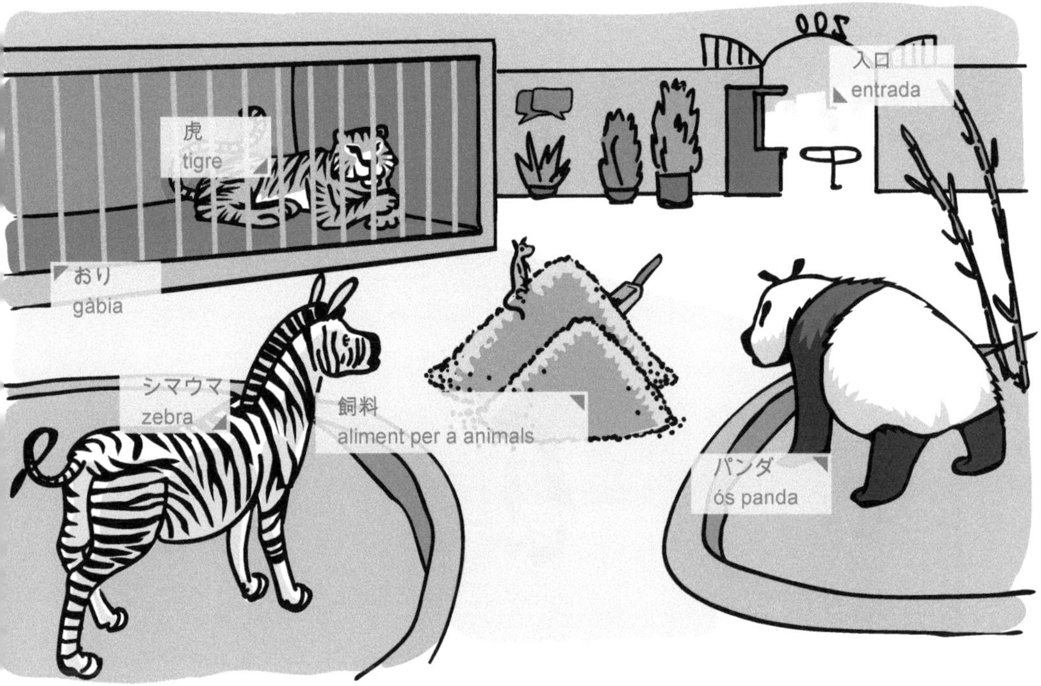

zoo
入口
entrada
虎
tigre
おり
gàbia
シマウマ
zebra
飼料
aliment per a animals
パンダ
ós panda

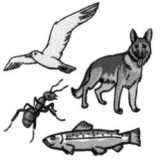

動物

animals

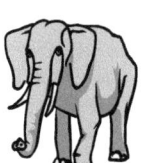

象

elefant

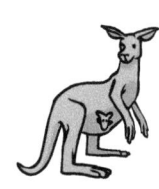

カンガルー

cangurú

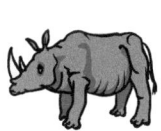

サイ

rinoceront

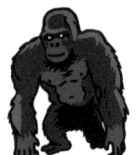

ゴリラ

goril·la

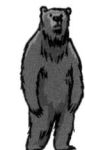

熊

ós

ラクダ

camell

ダチョウ

estruç

ライオン

lleó

猿

simi

フラミンゴ

flamenc

オウム

papagai

白クマ

ós polar

ペンギン

pingüí

サメ

ca mari

クジャク

paó

蛇

serp

ワニ

cocodril

飼育係

guardià del zoo

アザラシ

foca

ジャガー

jaguar

ポニー

poni

ヒョウ

lleopard

カバ

hipopòtam

キリン

girafa

鷲

àliga

雄豚

senglar

魚

peix

亀

tortuga

セイウチ

morsa

狐

guineu

ガゼル

gasela

アメフト
futbol americà

サイクリング
ciclisme

テニス
tenis

バスケット
ボール
bàsquet

水泳
natació

ボクシング
boxa

アイスホッケー
hoquei sobre gel

サッカー

futbol americà

バドミントン

bàdminton

陸上競技

atletisme

ハンドボール

handbol

スキー

esquí

ポロ

polo

跳ぶ
saltar

抱きしめる
abraçar

笑う
riure

歩く
anar

歌う
cantar

祈る
pregar

キス
fer un petó

夢見る
somiar

書く
escriure

描く
dibuixar

示す
mostrar

押す
pitjar

与える
donar

取る
prendre

持っている

tenir

する

fer

ある

ésser

立つ

estar dret

走る

córrer

引く

estirar

投げる

llançar

落ちる

caure

横たわっている

jeure

待つ

esperar

運ぶ

portar

座る

asseure's

着る

vestir-se

眠る

dormir

目が覚める

despertar-se

見る

mirar

泣く

plorar

なでる

amoixar

櫛ですく

pentinar

話す

parlar

理解する

comprendre

質問する

demanar

聞く

escoltar

飲む

beure

食べる

menjar

片づける

endreçar

愛する

estimar

料理する

cuinar

運転する

conduir

飛ぶ

volar

ヨットに乗る

navegar

計算する

calcular

読む

llegir

学ぶ

aprendre

働く

treballar

結婚する

casar-se

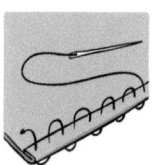

縫う

cosir

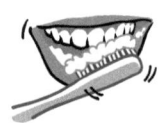

歯を磨く

raspallar-se les dents

殺す

matar

喫煙する

fumar

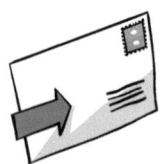

送る

enviar

家族
família

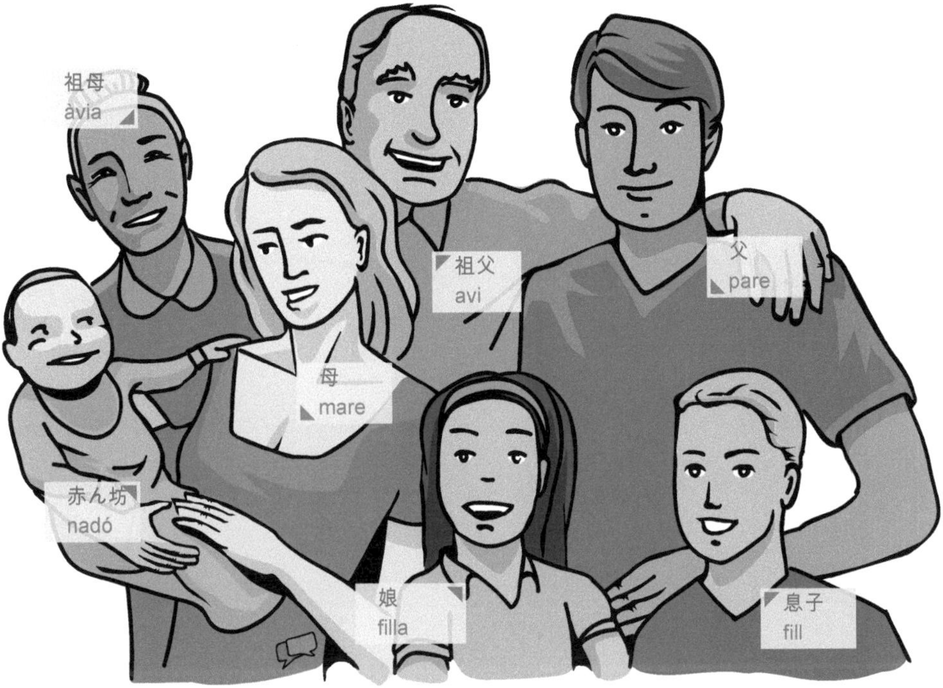
祖母
àvia
祖父
avi
父
pare
母
mare
赤ん坊
nadó
娘
filla
息子
fill

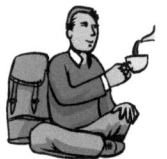

お客様

convidat

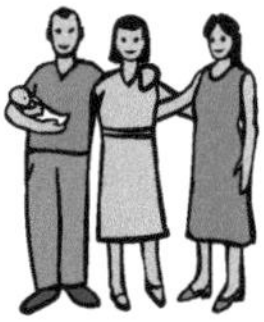

おば

tia

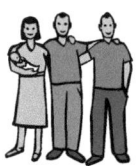

おじ

oncle

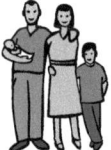

兄弟

germà

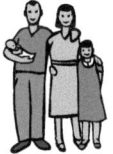

姉妹

germana

体

cos

ひたい
front
目
ull
顔
cara
あご
barbeta
胸
pit
指
dit
手
mà
腕
braç
肩
espatlla
脚
cama

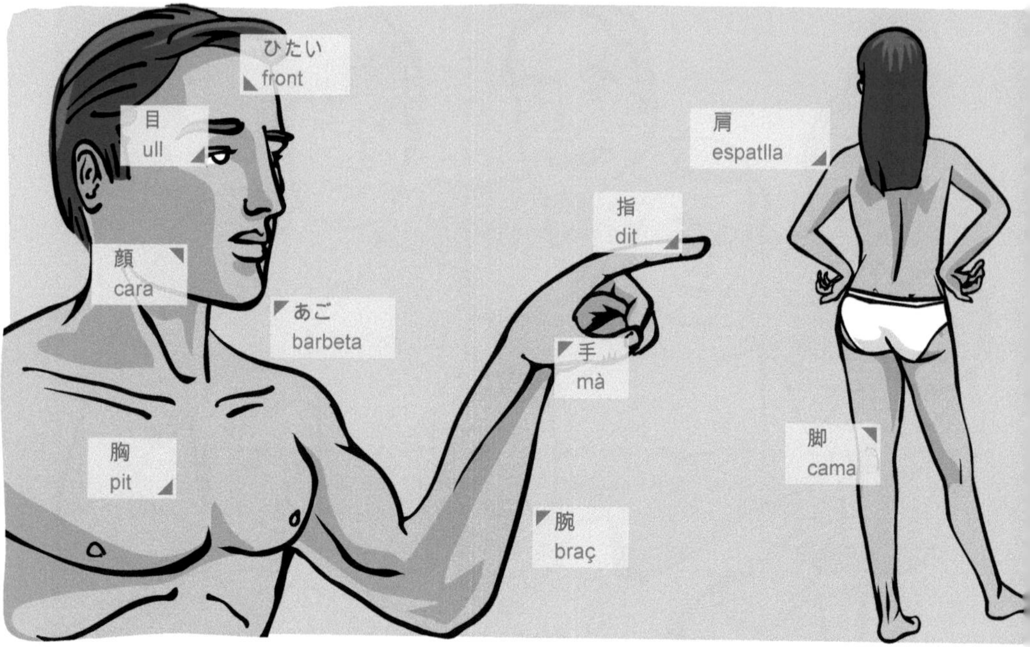

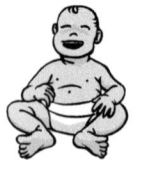

赤ん坊

nadó

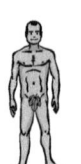

男性

home

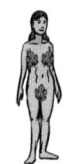

女性

dona

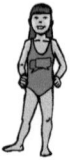

少女

noia

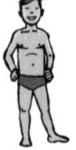

少年

noi

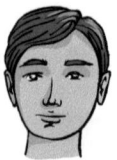

頭

cap

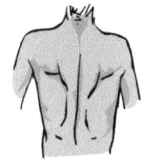

背中

esquena

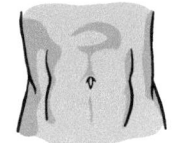

腹

panxa

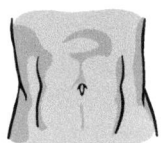

へそ

melic

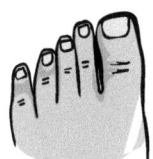

足指

dit gros del peu

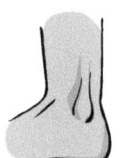

かかと

taló

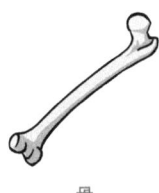

骨

os

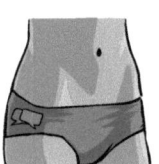

腰

maluc

ひざ

genoll

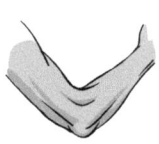

ひじ

colze

鼻

nas

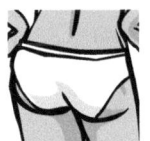

尻

cul

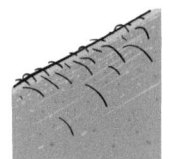

皮膚

pell

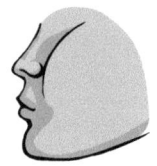

頬

galta

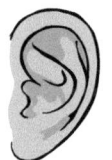

耳

orella

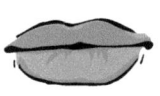

唇

llavi

口
boca

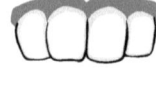

歯
dent

舌
llengua

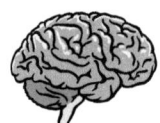

脳
cervell

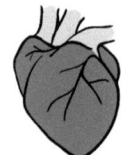

心臓
cor

筋肉
múscul

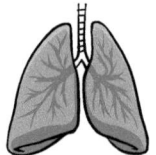

肺
pulmó

肝臓
fetge

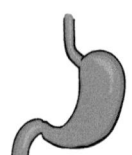

胃
estómac

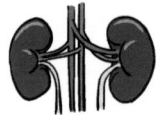

腎臓
ronyó

セックス
relació sexual

コンドーム
preservatiu

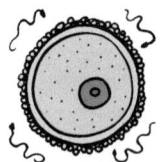

卵細胞
ovari

精液
semen

妊娠
prenyat

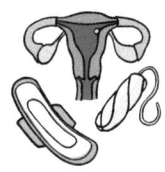

月経

menstruació

膣

vagina

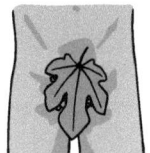

ペニス

penis

眉

cella

髪

cabells

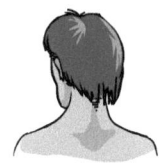

首

coll

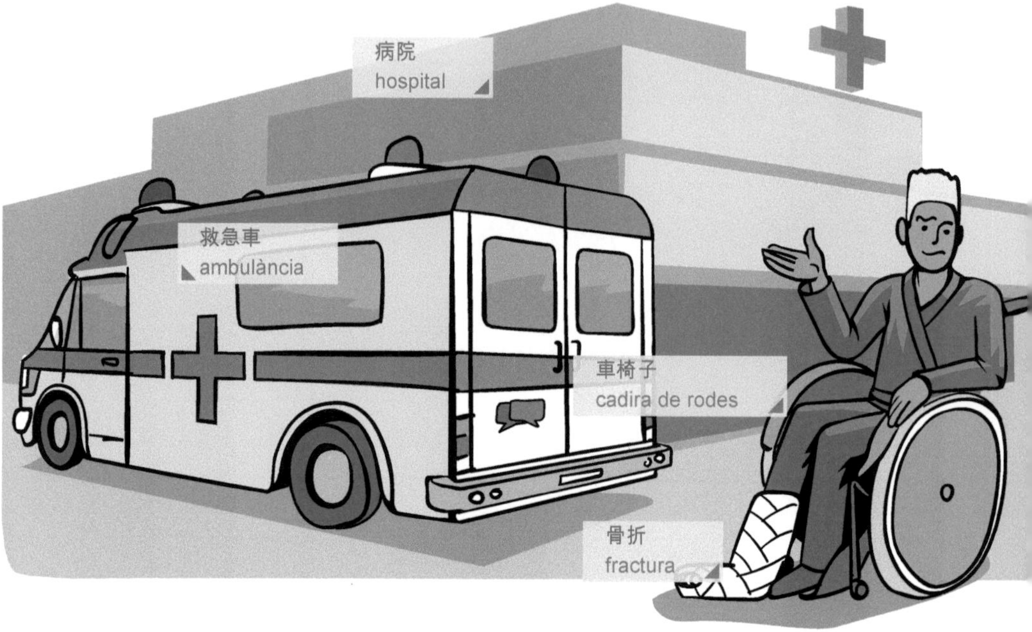

病院
hospital

救急車
ambulància

車椅子
cadira de rodes

骨折
fractura

医師

doctora

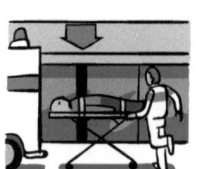

救急治療室

sala d'urgències

看護師

infermera

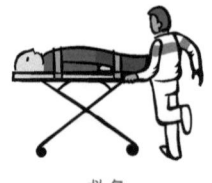

救急

urgència

失神

inconscient

痛み

dolor

けが
ferida

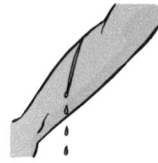
出血
sagnament

心臓発作
atac de cor

脳卒中
apoplexia

アレルギー
al·lèrgia

咳
tos

熱
febre

インフルエンザ
gripa

下痢
diarrea

頭痛
mal de cap

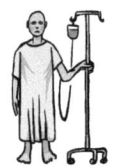
癌
càncer

糖尿病
diabetis

外科医
cirurgià

外科用メス
escalpel

手術
operació

CT

tomografia computada (TC), TAC

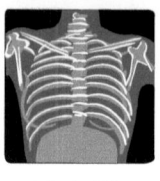

レントゲン

raigs x

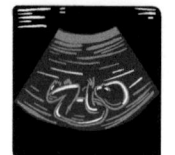

超音波

ultrasò

マスク

mascareta

病気

malaltia

待合室

sala d'espera

松葉づえ

crossa

ばんそうこう

tireta

包帯

embenat

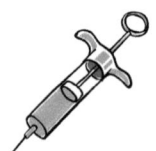

注射

injecció

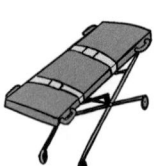

聴診器

estetoscopi

担架

llitera

体温計

termòmetre clínic

出産

pariment

肥満

sobrepès

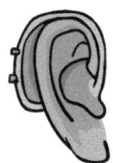

補聴器

aparell auditiu

消毒剤

desinfectant

感染

infecció

ウイルス

virus

HIV / エイズ

VIH / SIDA

内服薬

medicina

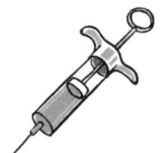

予防接種

vaccí

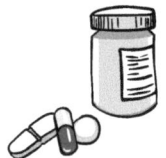

錠剤

comprimits

ピル

píl·lola

緊急電話

trucada d'urgència

血圧計

tensiòmetre

病気の / 健康な

malalt / sà

助けて！
Socors!

アラーム
alarma

暴行
assalt

攻撃
atac

危険
perill

非常口
sortida-eixida d'urgència

火事だ！
Foc!

消火器
extintor

事故
accident

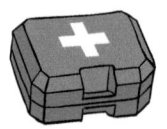

救急箱
farmaciola de primers
auxilis

SOS
SOS

警察
policia

ヨーロッパ

Europa

北米

Amèrica del Nord

南米

Amèrica del Sud

アフリカ

Àfrica

アジア

Àsia

オーストラリア

Austràlia

大西洋

Atlàntic

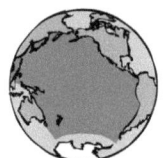

太平洋

Pacífic

インド洋

Oceà Índic

南極海

Oceà Antàrtic

北極海

Oceà Àrtic

北極

pol nord

南極

pol sud

南極大陸

Antàrtida

地球

terra

陸

país

海

mar

島

illa

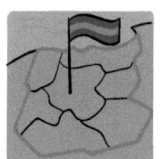

国家

nació

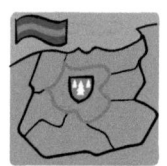

国家

estat

文字盤

quadrant

短針

agulla de les hores

長針

agulla dels minuts

秒針

agulla dels segons

何時ですか？

Quina hora és?

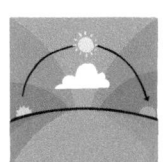

日

dia

時間

temps

現在

ara

デジタル時計

rellotge digital

分

minut

時間

hora

週

setmana

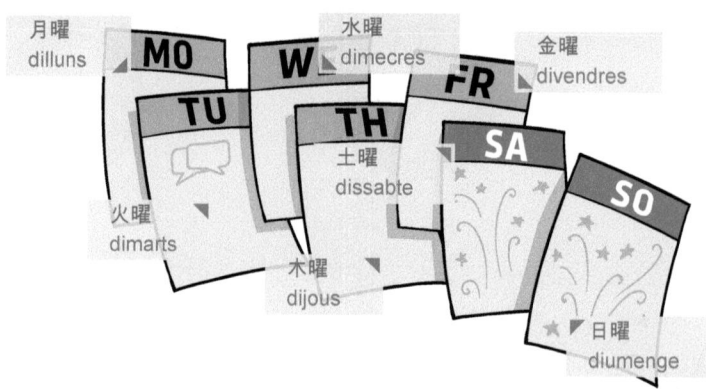

月曜 dilluns
火曜 dimarts
水曜 dimecres
木曜 dijous
金曜 divendres
土曜 dissabte
日曜 diumenge

昨日

ahir

今日

avui

明日

demà

朝

matí

昼

migdia

夜

tarda

営業日

dia feiner

週末

cap de setmana

年

any

雨
pluja
虹
arc de Sant Martí
雪
neu
風
vent
春
primavera
秋
tardor
夏
estiu
冬
hivern

4.APRIL 11°
5.APRIL 4°
6.APRIL 13°
7.APRIL 8°
8.APRIL 10°

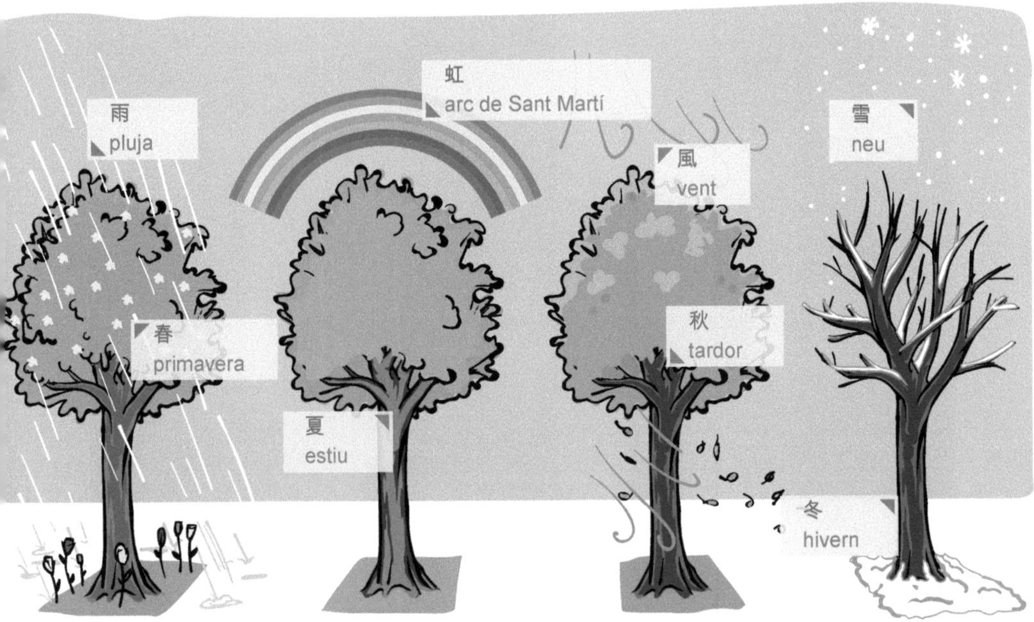

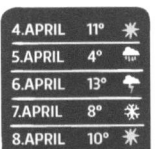

天気予報

pronòstic del temps

F
C
120
90
60
30
0
-30
40
30
20
10
0
-10
-20

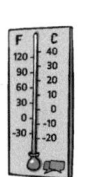

温度計

termòmetre

日差し

llum del sol

雲

núvol

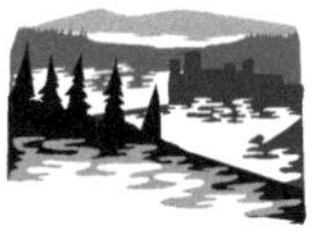

霧

boira

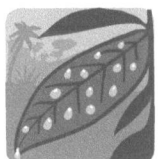

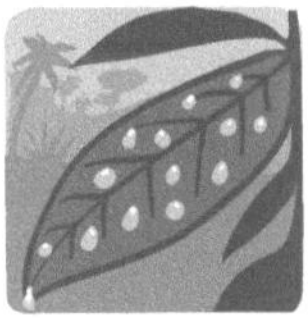

湿度

humiditat de l'aire

雷

llamp

雷

tro

嵐

tempesta

ひょう

calamarsa

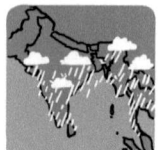

季節風

monsó

洪水

inundació

氷

gel

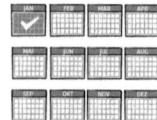

1月

gener

2月

febrer

3月

març

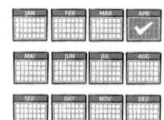

4月

abril

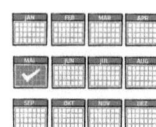

5月

maig

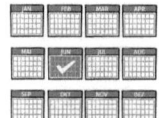

6月

juny

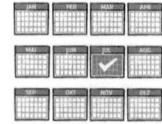

7月

juliol

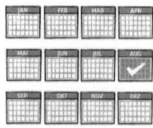

8月

agost

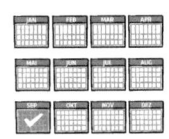

9月
....
setembre

10月
....
octubre

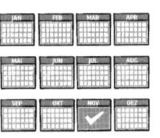

11月
....
novembre

12月
....
desembre

形

formes

円
....
cercle

正方形
....
quadrat

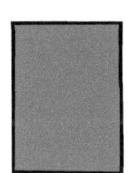

長方形
....
rectangle

三角
....
triangle

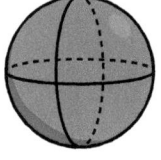

球
....
esfera

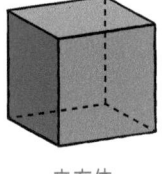

立方体
....
cub

colors

白
blanc

黄
groc

オレンジ
taronja

ピンク
rosa

赤
vermell

紫
lila

青
blau

緑
verd

茶
marró

灰色
gris

黒
negre

多い / 少ない

molt / poc

怒っている /
落ち着いている
emprenyat / tranquil

美しい / 醜い

bonic / lleig

初め / 終わり

començament / fi

大きい / 小さい

gran / petit

明るい / 暗い

clar / fosc

兄弟 / 姉妹

germà / germana

清潔な / 汚い

net / brut

完全な / 不完全な

complet / incomplet

日中 / 夜

dia / nit

死んだ / 生きている

mort / viu

幅広い / 狭い

ample / estret

食べられる　/
食べられない
comestible / immenjable

悪意のある　/　親切な
dolent / amable

興奮している　/
退屈じている
entusiasmat / entediat

太った　/　痩せた
gros / prim

最初に　/　最後に
primer / darrer

友人　/　敵
amic / enemic

いっぱいの　/　空の
ple / buit

硬い　/　柔らかい
dur / tou

重い　/　軽い
pesant / lleuger

空腹　/　喉の渇き
gana / set

病気の　/　健康な
malalt / sà

違法な　/　合法な
il·legal / legal

賢い　/　愚かな
intel·ligent / ximple

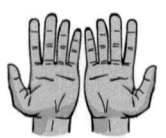

左に　/　右に
esquerra / dreta

近い　/　遠い
prop / llunyà

新しい / 中古の

nou / usat

何もない / 何かある

res / quelcom

老いた / 若い

vell / jove

オン / オフ

encès / apagat

開いている /
閉まっている
obert / tancat

静かな / うるさい

silenciós / sorollós

裕福な / 貧乏な

ric / pobre

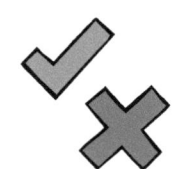

正しい / 間違っている

correcte / incorrecte

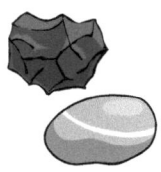

粗い / なめらか

aspre / suau

悲しい / 幸せな

trist / content

短い / 長い

curt / llarg

ゆっくり / 速い

lent / ràpid

濡れた / 乾いた

humit / sec - eixut

温かい / 冷たい

calent / fred

戦争 / 平和

guerra / pau

0

ゼロ

zero

1

1

u

2

2

dos

3

3

tres

4

4

quatre

5

5

cinc

6

6

sis

7

7

set

8

8

vuit

9

9

nou

10

10

deu

11

11

onze

12

12
dotze

13

13
tretze

14

14
catorze

15

15
quinze

16

16
setze

17

17
disset

18

18
divuit

19

19
dinou

20

20
vint

100

100
cent

1.000

1000
mil

1.000.000

100万
milió

英語

anglès

アメリカ英語

anglès americà

中国標準語

xinès mandarí

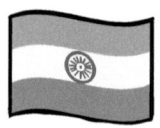

ヒンディー語

hindi

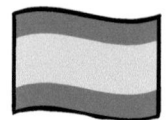

スペイン語

espanyol

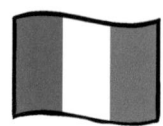

フランス語

francès

アラビア語

àrab

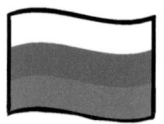

ロシア語

rus

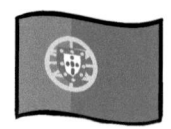

ポルトガル語

portuguès

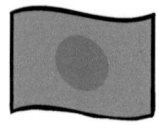

ベンガル語

bengalí

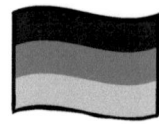

ドイツ語

alemany

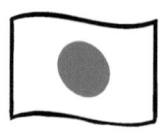

日本語

japonès

私
jo

あなた
tu

彼 / 彼女 / それ
ell / ella / allò

私たち
nosaltres

あなたたち
vosaltres

彼ら
ells

誰？
qui?

何？
què?

どうやって？
com?

どこ？
on?

いつ？
quan?

名前
nom

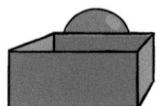

後ろ

darrere

中

en

前

davant de

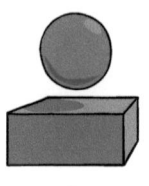

上

damunt

上

sobre

下

sota

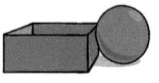

横

al costat

間

entre

場所

lloc